www.tredition.de

AF217704

Bernd-Peter Liegener

Jüngsteres

Unwichtiges Gedichtetes

www.tredition.de

Verlag: tredition GmbH, Hamburg

ISBN
Paperback: 978-3-7345-9300-0
Hardcover: 978-3-7345-9301-7
e-Book: 978-3-7345-9302-4

Printed in Germany

Dies Bändlein widme ich den beiden,
die Leben mir und Kindheit schenkten,
die, das war nicht zu vermeiden,
ein Stückchen auch mein Denken lenkten.

Die, die wir trugen längst zu Grabe,
die diese Widmung nicht erreicht,
obwohl ich sie noch in mir habe,
und obwohl, na ja, vielleicht….

captatio benevolentiae

Jüngst, nein vor fast einem Jahr
erschien ein kleiner, grüner Band
mit manch Gedicht von meiner Hand,
von meinem Hirn erdacht sogar.

Die, die dies Dichtwerk gerne lesen,
sind, denke ich, die Art von Leuten,
der gute Worte was bedeuten,
sein sie auch von bescheid´nem Wesen.

Weil an den Versen von dem alten
sich heut´ noch solche Menschen freuen,
will ich in diesem roten, neuen
noch mehr Gedanken neu entfalten.

Urlaubiges

Säulen

Am Fuß, wo ich jüngst unten saß
von hohen Säulen tief im Süden,
die von der Hitze ausgedehnte Zeit vergaß
und Ruhe gönnte meinem eig'nen müden,

da wandt' ich himmelwärts den blauen Blick,
die sonnenhellen Lider kaum gehoben,
und sah - verstärkt durch einen Optik-Trick -
die Säulen sich verjüngen auf dem Weg nach oben.

Schon alt genug, um Jugend hoch zu schätzen,
gab mir das Säulenbild den Mut,
die Schritte meines Lebens wieder himmelwärts zu setzen -
etwas Verjüngung tät mir sicher gut.

~

Gebirgsbach

Jüngst saß ich an 'nem Fließgewässer,
das rauschte vor mir vor sich hin,
ein breites Bächlein oder besser:
ein flacher Fluss mit Steinen drin.

Wo sie versteckt im Strome lagen,
ließ ihres Widerstands Gewalt
das Wasser wilde Wellen schlagen
in sich brechender Gestalt.

Die Brandung einer rauen See
- ich roch schon fast den Meeresduft -
doch floss hier nur geschmolz'ner Schnee,
kein Hauch von Wind lag in der Luft.

Es schien, dass an des Stromes Schnelle
das Wasser stehen bleiben wollte,
weil jede eigenwill'ge Welle
mit aller Macht stromaufwärts rollte.

Doch letzlich musst' es sich ergeben,
im Weiterfluss tat's mir fast leid:
es gibt halt keinen Halt im Leben -
wir alle strömen mit der Zeit.

~

Bergregen

Jüngst, an einem Bergsteigtag,
fiel leichter Alpenregen.
Obwohl ich Sonne lieber mag,
hatt´ ich da auch nichts gegen.

Ich war ja wetterfest gewandet,
und da ich kletternd eh´ meist schwitze,
bin ich standardfeucht gelandet
oben auf des Berges Spitze.

Da stand ich schweiß- und stolzgetränkt,
und zwischen weißer Wolkenwatte
hab´ ich den Blick hinabgesenkt
ins Tal, das ich verlassen hatte.

Das Glücksgefühl durch solche Sicht
kann man einfach nicht beschreiben.
Man möcht´ - natürlich geht das nicht -
am liebsten immer oben bleiben.

Langsam wurde es auch kühl,
so machte ich mich auf hinab,
noch immer voller Hochgefühl,
voll Glück, das mir der Gipfel gab.

Wer abwärts seine Schritte lenkt,
braucht festen Boden und deswegen
ist´s schlecht, wenn dieser ist durchtränkt
durch Niesel- und durch Dauerregen.

Nicht mehr sehr stet war nun mein Tritt,
mein starker Fuß fand schwachen Halt,
bis fremdbestimmt ich abwärts glitt
durch schlitternde Naturgewalt.

Irgendwie ist´s mir gelungen,
zurückzukehr´n ins tiefe Tal,
nicht mehr ganz so stolzdurchdrungen
nach des Abstiegs matsch´ger Qual.

Noch immer voll Erlebnisglück
in niedriger Geborgenheit
dacht´ ich an den Berg zurück,
den Gipfel der Erhabenheit.

Doch gibt´s dort oben kein Zuhaus,
die Kälte würd´ mir nicht bekommen,
drum denk´ich, will ich hoch hinaus,
von nun an gleich ans Runterkommen.

~

Highline

Jüngst wandert´ ich auf einen Berg,
und nach zünft´gem Kletterwerk
erreicht´ ich als der Mühe Lohn
einer Bergbahn Bergstation.

Dort hatte man recht kindgerecht,
doch für Erwachs´ne auch nicht schlecht,
eine Slackline aufgespannt.
Das ist so´n straffes Seil, nein, Band,

auf dem man akrobatisch wankt,
bis es so stark seitwärts schwankt,
dass man wieder runterfällt.
Was zumindest mir missfällt.

Es hat grad keiner zugeschaut,
also hab´ ich mich getraut,
es doch einmal zu probieren.
Um mich auszubalancieren,

nutzt ich hoffend, dass sie nütze,
als Gleichgewichts- und Mutes Stütze
der Wanderstöcke Wunderkraft.
So hab´ ich stöckelnd es geschafft,

die lange Leine lang zu gehen.
Nun muss man noch die Höhe sehen,
in der mein Fuß das händeln kann.
Ich bin wohl doch ein Supermann!

~

Hefekloß

Jüngst, bei einem Alpenmahl,
das auf der Hütte ich verzehrte,
schmeckte alles so genial,
dass einen Nachtisch ich begehrte:

Vanille-übersoßten Kloß
mit Pflaumen drin und Mohn darauf!
Er wirkte dann doch ziemlich groß –
lustseufzend nahm den Kampf ich auf,

germknödelte so vor mich hin,
genoss Geschmack und solche Sachen -
es schien, als wollt´ die Hefe drin
den großen Kloß noch gößer machen.

Dennoch aß ich ihn auf, so war
mein Ruf als Vielfraß nicht besudelt,
doch fühlt´ ich mich, das war ja klar,
danach noch ewig dampfgenudelt.

~

Strömung

Als jüngst an Kretas Nordgestade
mich die Ägäis lud zum Bade,
wusste ich von vornherein,
dass das Wasser warm würd' sein.

Doch kaum setzt' ich den Fuß ins Meer,
wusst' ich das nicht mehr ganz so sehr.
Ostseekälte an den Zehen
ließ mich gebremst meereinwärts gehen.

Da kriegt' ich plötzlich warme Füße,
ein Zustand, den ich meist begrüße;
nur war mir nicht so richtig klar,
warum's dort unten wärmer war.
Denn oben blieb das Wasser halt -
kalt!

Meist ist das ja umgekehrt -
gern hätt' ich mir das selbst erklärt.
Mein Hirn hab' ich umsonst geschunden,
die Lösung hab' ich nicht gefunden.

Da mir's zum Schwimmen war zu kalt,
entstieg dem Mittelmeer ich bald,
und macht' mich auf zu einem Gang
an diesen Meeres Strand entlang.

Doch gleich kreuzte meinen Weg
ein kleiner Fluss mit großem Steg.

Ich wollt' durch seine Mündung waten,
noch immer roch ich nicht den Braten;
bis ich vor Kälte fast erstarrte,
weshalb ich nicht im Strom verharrte,
sondern eilends ihn durchschritt,
bis meines Eisesfußes Tritt
plötzlich warmes Wasser spürte.

Was dann endlich dazu führte,
dass Erkenntnis in mich tropfte
und ich mir auf die Schulter klopfte,
weil ich des Rätsels Lösung fand
allein durch einen Gang am Strand.

Es spült´ der Fluss manch kalte Welle
an meine warme Badestelle.
So war ich zwar mal nicht geschwommen,
doch hatte Weisheit ich bekommen:

Du darfst, willst du die Welt versteh´n
nicht über jede Brücke geh´n.

~

Wasserfällchen

Jüngst auf 'ner Sommerwandertour,
mein Trinkvorrat war beinah' alle,
hört' ich in stiller Bergnatur
Geräusche von 'nem Wasserfalle.

Das Rauschen lag auf meinem Weg.
Den setzt' ich fort und kam auch bald
an einen holzgebauten Steg
über einen Bach im Wald.

Da sprang aus einer Felsenritze
für'n Wasserfall noch viel zu klein
ein munt'res Nass, das mit Gespritze
hinunterhüpft' von Stein zu Stein.

Das Wasser war hier an der Quelle
lebendig wie ein kleines Kind,
nicht wie erfahr'ne Wasserfälle,
die wuchtig, doch behäbig sind.

Aus Durst und um mich abzukühlen
trank ich aus dem Jugendbronn,
und, sollt' ich mich mal älter fühlen,
füllt' ich etwas ab davon.

~

Kulinarisches

Fisch

Jüngst saß ich am Mittagstisch
und aß – wie früher – freitags Fisch.
Und weil so´n Tier ja schwimmen soll,
goß ich mein Glas mir mehrmals voll.

Mit weißem Wein -
so muss es sein!

Die Flasche war dann bald geleert,
das Mahl jedoch noch nicht verzehrt.
Der Weg zum Kühlschrank war nicht weit,
die Flaschen waren jetzt zu zweit.

Das Flaschenpaar
schien sonderbar.

Die eine voll, die andre leer -
da musste einfach Ausgleich her!
Beim Trinken hab´ ich glatt vergessen,
den Rest des Flossentiers zu essen.

Fisch ohne Wein
darf nicht sein!

So trank ich Flasche Nummer drei
und aß auch endlich auf dabei.
Gefüllt mit Fisch und Wein und Glück
wollt´ ich spazierngeh´n nun ein Stück.

Statt zu ruh´n
Schritte tun.

Doch als ich dann draußen war
fühlt´ ich mich etwas sonderbar -
fühlt´ ich mich nicht mehr richtig wohl.
Lag das vielleicht am Alkohol?

Nein, nein, der Fisch
war nur nicht frisch...

~

Novemberende

Als ich im Herbst jüngst wieder mal
Rotkohl aß zum Mittagmahl,
fühlte ich mich wunderlich
winterlich.

Da´s noch November, fragt´ ich mich,
warum mich Weihnachtslust beschlich.
Nun, wenn wer schuld war, war es wohl
der rote Kohl.

Natürlich kam ich schnell dahinter:
es kam früher nur im Winter
das Rotgemüse erntefrisch
auf den Tisch.

Zeitlos, wie ich manchmal bin,
braucht mein Hirn des Schmeckens Sinn,
damit´s im Herbst ihn schon erkennt -
den Advent!

~

Fastfood

Als ich jüngst in ´nen Burger biss,
versuchte mich zu bremsen noch
mein Esskultur-Gewissen.

Dem Raubtier, das die Beute riss,
wollt´ es Manieren zeigen, doch -
wie schmeckte dieser Bissen!

Ich schlang und kaute nicht zu sehr,
und meine Hände wollten mir
als Essbesteck genügen.

Kannt´ keine Etikette mehr,
zu essen ohne falsche Zier -
welch tierisches Vergnügen!

~

Schokolade

Jüngst, da hörte ich ein Knacken
aus dem Munde meiner Frau,
das Geräusch ließ ich kurz sacken
ins Hirn - schon wusst´ ich es genau:

Gut gekühlte Schokolade
schmolz da jetzt still und lecker, und
ich fand es wirklich jammerschade,
dass sie´s nicht tat in meinem Mund.

Man muss dazu natürlich wissen,
dass ich schon lange hatt´ genug
vom schlechten Kilojoule-Gewissen
und Schokoladenspaß-Entzug.

So schlich ich an die kühle Quelle,
wo wohl der Rest der Tafel lag
und fand im Kühlschrank auf der Stelle
den Suchtstoff, den ich doch so mag.

Der Kasteiung jähes Ende
war auch das vom Schokorest.
Wie schlecht wär's, wenn ich's schlecht jetzt fände,
dass man sich auch mal gehen lässt.

Doch vom Schokoladenlachen
glückstrahlte freudig mein Gesicht.
Kann irgendwas zufried'ner machen?
Ich glaub' es einfach nicht!

~

Koch

Weil es sich jüngst mal so ergab,
wollt´ ich mir selbst ein Mahl bereiten,
und weil ich noch Erinn´rung´n hab
an alte Selbstversorgerzeiten,

hab´ ich ein Gericht gefunden,
das zu kochen schwer nicht fällt,
hab´ meine Trägheit überwunden
und mich an den Herd gestellt.

Es ging recht flöttlich von der Hand,
das Junggesellen-Schnellgericht,
fast wie früher, und ich fand:
so schwer ist Nudelkochen nicht!

Als Pastakoch hatt´ ich erfahren,
was heut´ weiß jedes Kochkurs-Kind:
beim Wasser nie am Salze sparen,
weil Nudeln salzlos fade sind.

Wasser kochen, Salz hinein,
Öl und dann Spaghetti-Nudeln,
wie leicht kann gute Küche sein!
Jetzt nur nicht mit der Soße hudeln.

Was für das Wasser rechtens war,
konnte hier nur billig sein,
so tat ich jeder Umsicht bar
auch hier ´ne Handvoll Salz hinein.

Am Schluss aß ich ´ne Käseschnitte,
und dabei ging mir durch den Sinn,
wie sehr auch nach der Lebensmitte
in meine Frau verliebt ich bin.

~

Abendbrot

Jüngst, obwohl man dies nicht soll,
schlug abends ich den Bauch mir voll.
Das soll schlecht sein für den Schlaf.
Nun, was meinen Schlaf betraf:
Ich träumte wild, ich träumte toll!

Im Leben könnt´ ich nie erleben,
so viel, wie mir im Traum gegeben.
So gab dies Nachtmahl mir den Mut,
manch´ Regel, dass man was nicht tut,
für mich persönlich aufzuheben.

~

Natur und Natürliches

Unwetter

Jüngst hörte ich in grauer Ferne
ein dräuendes Gewitter grummeln.
Das grämte mich, denn ich wollt´ gerne
noch etwas durch die Gegend bummeln.

Vor Hoffnung blind dacht´ ich: vielleicht
zieht dieses Wetter ja vorbei,
und wenn es mich dann doch erreicht,
werd´ ich eben nass dabei.

Mit optimistisch leichtem Sinn
lauscht´ laufend ich dem Donnergrollen,
ging gehend davon aus: ich bin
nicht der, den es wird treffen sollen.

Das war nun trefflich fehlgedacht:
es trieb als Wetterwüterich
das Wutgewölk mit aller Macht
der Wind mit Donner über mich.

Sofort durchnässt von Wassermassen
hüpft´ von Buche ich zu Buche,
um keine Chance dem Blitz zu lassen
bei der Elektroopfersuche.

Hagel fiel mit Eisgewalt,
er prasselte in einer Tour,
es wurde dunkel, wurde kalt,
welch Urangst weckende Natur.

Nach Donnerbeben und Geblitze
war das Schauspiel dann vorbei,
es kehrt´ zurück die schwüle Hitze,
der Himmel gab die Sonne frei.

Weiße Eiskornhaufen tauten,
geknickt war mancher Ast und Baum,
Vögel, die sich zwitschernd trauten,
füllten donnerleeren Raum.

So ging ich nassen Schrittes weiter,
es quitsche im und unter´m Schuh,
die Welt war plötzlich wieder heiter,
die Sonne lächelte mir zu.

Zuhaus rieb ich mich frotteetrocken
und aß von jenen Vitaminen,
die neben wieder trock´nen Socken
der Abwehr von Erkältung dienen.

Hab´ ich den Schnupfen doch bekommen,
hab´ ich des Leichtsinnes Ergebnis,
als Bezahlung hingenommen
für dies gewaltige Erlebnis.

~

Wolken

Jüngst sah ich am blauen Himmel
weiße Wolken leewärts treiben:
ein Formen-Phantasie-Gewimmel,
doch wollte nichts bestehen bleiben,
von dem, was kunstvoll dort gebannt
auf diese Lein- nein, Himmelswand.

Welche schöpferische Kraft
ist dieser Wolkenkunst zu eigen,
die ständig Spannend-Neues schafft,
nur um uns uns selbst zu zeigen,
weil, was wir sehen, oder nicht
inn´ren Bildern meist entspricht.

Die Wolken, nunmehr vollgesogen
mit meiner Seele dunklem Grau,
haben sich dann schnell verzogen,
zurück blieb nur ein leeres Blau.
Kaum hatt´ der Himmel sich geklärt,
fühlt´ ich mich tiefen-müll-entleert.

~

Schnee

Jüngst ließ ich aus dem Haus mich locken
von frischem Schnee in fetten Flocken.
Aus dem Häuschen fühlt´ ich fallen
um mich das Meer von Weißkristallen;
ich schien in diesem sanften Schweben
von guten Geistern ganz umgeben.

Bald war ich weiß und nebenbei
kindheitsglücklich sorgenfrei.

Auf der saub´ren Weichschneedecke
wandelt´ ich ´ne kurze Strecke,
bis ein leiser Wind entschied,
nach der Stille sanftem Lied
ein Tänzchen mit dem Schnee zu wagen,
die Flocken vor sich her zu tragen,
sie zu wirbeln und zu drehen
und mir ins Gesicht zu wehen.

Erst nur ganz sacht´, dann immer gröber,
bald lief ich blind durch´s Schneegestöber.

So entschloss ich umzudrehen
und zurück nach Haus zu gehen.
Der Wind traf mich nun mehr im Rücken,
als wollte er mich heimwärts drücken.
Was ihm tatsächlich auch gelang:
ich beugte mich des Wetters Zwang.
Jetzt aufgewühlt vom wilden Treiben
musst´ ich nicht länger draußen bleiben.

Voll Schnee und voll von Dankbarkeit
bin ich zu Haus hineingeschneit.
Und schaut´ durch eisbeblumte Scheiben
auf den Schnee und auf sein Treiben.
Und fand, dass Wärme im Gebäude
verstärkt gehabte Winterfreude.

~

Sonne

Jüngst saß ich in des Sommers Sonne,
sie brandete in mein Gesicht,
bedeckt von einer halben Tonne
von Sonnenmilch als Hautschutzschicht.

Es entstand ein wenig Hitze,
und weil mein Körper sehr gut weiß,
dass ich zwecks Kühlung gerne schwitze,
produziert' er etwas Schweiß.

Die Tropfen formten sich zu Bächen,
die Bäche formten sich zur Flut,
und an den unterspülten Flächen
hielt der Schutzfilm nicht sehr gut.

Die Sonnenmilch wurd' weggeschwemmt,
der Schweiß nicht länger aufgestaut.
Es wurde fleckig weiß mein Hemd,
UV-gegrillt wurd' meine Haut.

Wie gut, dass - grad noch wach - ich fühlte,
wie Hitze in mein Inn'res drang,
das mit einem Trank ich kühlte,
was zu einem Gang mich zwang.

Ein Spiegelblick ließ mich die Flecken
aus Sonnenmilch- und Schweißgemisch
auf meinem frischen Hemd entdecken -
mein Teint war nicht mehr ganz so frisch.

So setzte ich mich in den Schatten
auf ein beschirmtes Sonnenbett,
denn bei der Hitze, die wir hatten,
ist Schatten erst so richtig nett.

Trotz etwas Farbe auf den Wangen
liegt eines deutlich auf der Hand:
es ist noch einmal gut gegangen,
denn Durst bewahrt vor Sonnenbrand!

~

Lotto

Jüngst, da wollt´ ich Lotto spielen.
Ich war wohl einer von recht vielen,
denn der Jackpot war so groß,
dass mancher wollte mittels Los
zu der Statistik fettem Spott
schöpfen aus dem Lottopott.

Ich hatt´ zwar noch nicht ganz gewonnen,
dennoch hab´ ich schon begonnen,
nachzudenken, was das hieße,
wenn´s Schicksal mich gewinnen ließe.
Welche Dinge, welche Sachen
würde ich denn anders machen,
würde ich mir denn dann kaufen
von dem Riesen-Eurohaufen?

Als erstes fiel mir sofort ein,
wie schön es wär´, entstresst zu sein.
Statt meiner Arbeit nachzugeh´n
mich als Privatier zu seh´n.
Kein Aufsteh´n mehr am frühen Morgen,
keine „nur kein´ Fehler!" - Sorgen.

Gehalt wär´ mir ja nicht mehr wichtig,
und wer nichts macht, macht alles richtig!

Dann fiel mir meine Wohnung ein-
für´n Millionär doch viel zu klein!
So würd´ ich mir ´ne eig´ne kaufen,
groß genug, sich zu verlaufen.
Mit Billardraum und mit Parkett,
mit Tanzsaal und mit Himmelbett.
Es könnte auch ein Häuschen sein-
nur eben nicht so chen-haft klein...

Und dann das Auto, das ich fahre,
das kommt ja auch schon in die Jahre.
Das könnt´ ein Lamborghini sein!
Der ist zum Einkauf zwar zu klein,
doch führe ich an Shopping-Tagen
´nen Protz - und Platz - Geländewagen.
Denn will man autoglücklich sein,
liegt das Minimum bei zwei´n.

Luxusreisen, edles Essen
darf man natürlich nicht vergessen...

Ich hatt´ noch manchen andren Traum,
doch merkte ich, dass ich wohl kaum
der Mensch sein möchte, der ich würde,
trüg´ ich solch´ Gewinnes Bürde.
Ich blieb´ doch lieber einfach ich -
zu viel Geld bekäm´ mir nicht!

So hab´ ich meinen Lottoschein
zerrissen mikroschnipselklein.
War ich doch glücklich ohnehin,
hätt´ ja solch Glücksspiel keinen Sinn.

Deshalb ließ ich das Tippen bleiben,
um lieber dies Gedicht zu schreiben.

~

Rücken

Jüngst tat mir der Rücken weh,
es kribbelte der große Zeh.
Als Grund dafür, wie ich das sah,
lag Druck auf einen Nerven nah.

Ich dacht´, ich geh zum Orthopäden,
der ist ja da für solche Schäden.

So ging ich los, ich armer Tropf,
und gehend ging mir durch den Kopf,
was man wohl mit mir machen würde,
zu lindern meines Schmerzes Bürde.

Um mein Leiden zu beheben,
würd´ man mir wohl ´ne Spritze geben.
Und die hätt´ nur richtig Sinn
unendlich tief im Körper drin.

Worauf mir erste Zweifel kamen:
ich fall´ schon um bei Blutabnahmen!

Bei dem Gedanken an die Spritze
entstand jetzt heftiges Geschwitze.
Ich unterbrach den Praxisgang
und setzte mich auf eine Bank.

Es sonnte und die Vögel sangen,
sonst wäre weiter ich gegangen.
Doch so, beim in der Freiheit Sitzen
hörte ich schnell auf zu schwitzen.

Und siehe da, der Rücken machte
viel wen´ger Schmerzen, als ich dachte.
Es hatte wohl, wie mich heut deucht,
den Schmerz die Angst vorm Schmerz verscheucht.

~

Parkplatz

Als ich jüngst im Auto saß,
sah ich durch geputztes Glas
an einer grünen Parkplatzecke
auf eine wohlgepflegte Hecke.

Grad wollt´ ich starten, da - husch, husch -
bewegte sich was unterm Busch.
Gespannt sah ich zum Fenster raus:
gab´s hier vielleicht ´ne Parkplatzmaus?

Ein Einfall, der nur nahe lag,
weil ich Mäuse einfach mag.
Doch es half kein Hoffnungs-Starren,
die Maus schien reglos zu verharren.

Manch Berg versetzt vielleicht der Wille,
doch unterm Busche blieb es stille.
So beschloss ich abzuwarten,
den Motor könnt´ ich später starten.

Ich zog die Hand vom Schloss zurück
und dachte schon, ich hätte Glück:
Im Busche schien sich was zu regen,
die Maus sich wieder zu bewegen.

Doch skeptisch, wie ich nun mal bin,
griff ich nochmal zum Schlüssel hin.
Bewegt´ die Hand mal so, mal so,
die Geistermaus tats ebenso.

Es hatt´ getäuscht den scharfen Blick
ein Windschutzscheiben-Spiegeltrick.
Ich hatt´ mich vor mir selbst blamiert,
was mir öfter mal passiert.

Es hatt´ verkannte Reflexion
geführt zu einer Projektion
meiner Kleintierphantasie:
reale Mäuse gab´s hier nie!

Vielleicht seh´n wir so manche Sachen,
die uns Angst, die Freude machen,
woanders, weil wir nicht verstehn,
dass wir in einen Spiegel sehn.

~

Besuch

Jüngst stand nach einem langen Tag
als letzter Punkt auf dem Programm
ein Abschluss, den ich gerne mag:
Besuch bei meiner Schwieger-Mum.

Es gab wie immer gutes Essen,
gewürzt mit netten Plauderei´n,
im Sessel hab´ ich weich gesessen,
man trank wohl auch ein Gläschen Wein.

Weil ein ält´rer Mensch leicht friert,
war durch die Heizung an der Wand
die Wohnung mollig temperiert,
durch sie, vor der mein Sessel stand.

Das Licht gemütlich, aber schwach,
überkam mich Müdigkeit,
ich hielt mich kaum noch länger wach,
doch war´s noch nicht Zu-Bett-Geh-Zeit.

Als Worte sinnlos um mich flossen,
bekam ich erst verspätet mit,
dass meine Augen sich geschlossen
durch der Gemahlin sanften Tritt.

Jetzt hielt ich sie mit Mühe offen -
im Kampf mit meinem Lider-Blei
blieb mir nichts, als bang zu hoffen,
der Abend wäre bald vorbei.

Ich zwickte mich, ich grimmassierte,
tat wach - ich wollt´ ja höflich sein,
doch kam, so sehr ich´s auch probierte
ins Gespräch ich nicht mehr rein.

So kam es, dass ich immer wieder
in den Schlaf hinüberdöste,
geschlagen von der Kraft der Lider,
bis unser Aufbruch mich erlöste.

Es freute mich natürlich schon,
dass meine Qual vorüber war,
doch schämte sich der Schwiegersohn
für diesen Auftritt - ist doch klar!

Doch tröstete mich Muttern nett
beim Abschiedskreuz auf meine Stirn,
dass ich nur zu viel Arbeit hätt -
welch Balsam für mein müdes Hirn!

Genau das ist bei ihr das Nette,
dass sie nachsieht und vergisst,
was gegen alle Etikette
nicht höflich, aber menschlich ist.

~

Spazierliches

Eicheln

Jüngst, tief im Oktober drin,
- es herbstelte so vor sich hin -
schritt ich auf übereichten Wegen
unstrebig keinem Ziel entgegen.

Auf schmalem Pfad stand da vor mir
ein Hundetier.

Ich fürcht´ mich nicht vor Hundebissen,
doch konnte man ja niemals wissen,
ob dieses Vieh so friedlich blieb,
wie sein Herrchen es beschrieb.

„Der tut nichts" hilft dir auch nicht weiter
gegen Schmerz und später Eiter
aus der infizierten Wunde
von einem unsterilen Hunde.

So wich ich aus mit schnellem Schritt,
doch traf mein übereilter Tritt
auf rollend runden Widerstand,
der aus ´nem Eichelfeld bestand.

Der Hund sah mich voll Staunen fliegen
und dann im Eichelmeere liegen.
Woraus ich nun ein Fazit zog,
und das Sprichwort so verbog:

Niemals sollst du unter Eichen
wem auch immer zu schnell weichen!

~

Regenwald

Jüngst lief ich durch den Regenwald,
das heißt durch einen Wald im Regen
und waldlaufend merkt´ ich bald,
dass er mich schützt´ auf seinen Wegen.

Dank des dichten Dachs der Blätter
hört´ ich nur als Regenrauschen
über mir das Wasserwetter,
konnt´ ihm im Trock´nen laufend lauschen.

Der Schauer ging dann bald vorüber;
mit trock´nem Fuß und trock´nem Haupt
freute ich mich noch darüber,
wie regendicht ich überlaubt,

da hört´ ich oben einen Wind
raschelnd durch die Blätter geh´n,
durch Blätter, die wie Fähnlein sind,
und sich mit jedem Winde dreh´n.

Das ganze abgewehrte Wasser
gab nun das Laub auf einmal her -
ich fühlte mich erheblich nasser,
als wenn ich eingeregnet wär.

Vielleicht ist ja auch unser Schutz,
der den Dreck der Welt abhält,
so überladen, dass der Schmutz
uns plötzlich auf die Köpfe fällt.

Ich werde jedenfalls ab jetzt
die sonnigen Momente nutzen
und - sind sie zu sehr dreckbenetzt -
meine Seelenblätter putzen.

~

Feder

Jüngst trat ich fast mit meiner Sohle Leder
auf eines Vogels vogelfreie Feder.
Der Wind hatt´ sie, kaum abgelegt,
in meiner Schritte Weg bewegt.
Frisch aus der Gefiederhaft entkommen,
hab´ ich mich ihrer erstmal angenommen.

Ich glättet´ ihrer Fahne wirre Äste,
entfernt´ vom Schaft des zarten Flaumes Reste
und während ich sie hübsch gemacht,
hab ich sinnend mir gedacht,
wieviel kluge Tinte war geflossen
durch die Herzen ihrer Artgenossen.

Welch Potential hielt ich in meinen Händen -
ach, könnt´ ich´s literarisch doch verwenden!
Nur macht, dass man wen Dichter nennt,
das Wort und nicht das Instrument.
So gab ich ihr zurück die Freiheit gerne -
der Wind trug sie in unbekannte Ferne.

~

Brücke

Jüngst ging ich, wenn ich´s recht ausdrücke
über eine Schrägseilbrücke.
Windstill war der Sonnentag,
der Streckträger-Betonbelag
lud Fußgänger und Radler ein -
stabiler kann kein Boden sein!

Doch etwa in der Brücke Mitte
spürt´ ich unter meinem Schritte
ein leichtes Schwanken, seichtes Beben,
eine Brückenschwingung eben.

Weil es etwas irritiert,
wenn fester Boden so vibriert,
wie´s meiner Wahrnehmung entsprach,
dachte ich darüber nach,
wie oft sich Scheinrealität
anfühlt wie Stabilität.

Doch auch das sicherste der Leben
ist nicht gefeit vor Lebensbeben.

~

Kirchturm

Jüngst ging ich durch die Stadt im Winter
und sah, denn schauen tu ich gerne,
entlaubte Bäume und dahinter
einen Kirchturm in der Ferne.

Ich lugte in die nächste Straße,
ob ich die Kirche selber sähe
und sah, erstaunt in höchstem Maße
ihr Portal aus nächster Nähe.

Mein Fuß hielt in der Straße Mitte
und ich ging ein kleines Stück,
es waren nicht einmal zehn Schritte,
den gegang'nen Weg zurück.

Weit weg, nah dran, weit weg, nah dran-
ich ging noch zweimal hin und her,
dann fing ich langsam damit an,
zu schau'n, wie's zu erklären wär.

Zunächst dacht' ich, dass das Geäst,
das den freien Blick behindert,
dem Auge fern erscheinen lässt,
was es da sieht, so lichtgemindert.

Dann dacht´ ich an den Tunnelblick,
oben, rechts und links nur Baum,
wodurch das Ferne, welch ein Trick,
nah wirkt mangels Zwischenraum.

Endlich fiel der Mond mir ein,
den wir tief unten größer sehen,
weit oben scheint er klein zu sein,
rein optisch ist´s nicht zu verstehen.

Doch lernten wir als Urmensch schon:
was oben ist, ist nicht so wichtig,
was näher kommt, kann uns bedroh´n,
und das ist meistens unten - richtig!

Vielleicht hat sich auch Der da oben
durch diesen Psycho - Erb-Effekt
so weit von uns fortgeschoben,
dass man ihn manchmal kaum entdeckt.

Ein Schöpfergott, bedeutungsklein,
das ist nur schwierig zu verstehen,
drum wird mein Plan von nun an sein,
ihn hier durch sein Geschöpf zu sehen.

~

Schmerz

Ein kleines Mädchen sah ich jüngst am Boden liegen,
umschallt von kreischendem Geschrei.
Es schien vom Weinen nicht genug zu kriegen,
alles Glück der Erde schien entzwei.

Wie diese Tüte, die zerrissen vor ihm lag.
Aus ihr entflohen all die leck´ren Gummitiere
und wälzten sich im Dreck, den man an ihn´n nicht mag.
- Doch diese Tiere war´n doch ihre!

So war nicht klar, ob sie vor Schmerzen weinte,
vor Schrecken oder über den Verlust
des Schatzes, den sie ewig zu besitzen meinte.
Es war ihr selbst wohl nicht bewußt.

Doch schnell gelang es ihrer Mutter, sie zu trösten.
Nach kurzem Nachgeschniefe war der Schmerz vorbei -
Mütter, wenn sie trösten, sind die Größten:
Geborgenheit macht sorgenfrei!

Ach, wär´ doch jeder Weltschmerz so zu lindern,
Unglück, Kummer, Sorgen, Harm,
all das wär so leicht zu mindern,
nähm´ uns Gottmutter spürbar in den Arm.

~

Aktiviges

Steppen

Um eine Feier aufzupeppen,
wollt´ ich jüngst mal wieder steppen.
Mit lock´rem Fuß von Heel bis Toe -
beim Steppen nennt man das halt so.

Aus der Sport- und Tanzschuh- Truhe
holt´ ich die alten Klapperschuhe.
Auch Musik sucht´ ich mir aus,
und als kein Nachbar war im Haus,
legt´ ich die auf und legte los,
doch meiner Füße lock´rer Stoß
fühlt´ teppichdumpf sich anders an,
als steppend man´s erwarten kann.

Das mit dem Klappern klappte kaum,
zumindest nicht in diesem Raum.
Ich dacht´ an uns´rer Küche Fliesen,
doch stellt´ ich fest, dass auch auf diesen
das Steppen keine Freude war,
nein, eine Rutschgefahr sogar.

Auf dem Laminat im Flur
ging´s gar nicht schlecht, ich merkte nur,
dass Eisen an des Tänzers Sohlen
arg zerkratzt die Kunstholz-Bohlen.

So entschloss ich mich zum Schluss,
wenn es wirklich so sein muss,
zu üben in ´nem Steptanzladen,
und schließlich würd´s ja auch nicht schaden,
sich Kenner-Korrektur zu holen,
um mit meinen Klackersohlen
nicht falsch zu tanzen laute Laute,
weil ich mir zuviel zutraute.

So hab´ ich Unterricht genommen
und dann - beim Fest - Applaus bekommen.
Oh, wie glücklich war ich dann,
dass ich zuhaus nicht steppen kann.

~

Fahrrad

Jüngst radelte ich mal zur Arbeit,
denn das fördert die Gesundheit.
Ich fuhr früh los, ich hatte Zeit,
sowas schafft Gelassenheit.

Hoch auf meinem Ross aus Stahl
traf mich der Sonne erster Strahl,
Fahrtwind strich durch mein Gesicht -
entspannter war ich lange nicht!

Ich trat so langsam vor mich hin,
da kam doch so ´ne Radlerin,
die mich überholen wollte,
weil ich so gemütlich rollte.

Wenn jemand schneller ist als ich,
stört mich das natürlich nicht.
Das macht mir überhaupt nichts aus -
nur die sah nicht mal sportlich aus!

Nach eines höh´ren Ganges Wahl
und Steig´rung der Umdrehungszahl
hatt´ ich viel schneller, als man denkt
das dreiste Mädel abgehängt.

Beim Ampelstopp stand neben mir
so ein Fahrrad-Eilkurier.
Das heißt, so wirklich stand er nicht -
er überfuhr das rote Licht.

Durch diese Ordnungswidrigkeit
war er schon hundert Meter weit,
als mich das grüne Fahrradlicht
entließ aus meiner Wartepflicht.

Ich startete vom Ampelhalt
mit voller Wadentretgewalt,
mit Schenkelschmerz und Lungenpein
holte ich den Boten ein.

Jetzt hatte ich den Speed erreicht,
wo dem Rausch das Denken weicht.
Ich rast´ im Zuge meiner Kette
mit dem Winde um die Wette.

Es gab für mich kein Halten mehr,
Erschöpfung hin und Rotlicht her.
Erst an meinem Arbeitsplatz
fand ein End´ die wilde Hatz.

Als ich durchgeschwitzt dort stand,
war ich kaputt, doch voll entspannt,
und fragt´ mich, ob beim Fahrradfahren
alle so gelassen waren...

~

Beachen

Jüngst war ich mal wieder beachen,
das ist so Volleyball im Sand -
statt Schweißgeruch und Sohlenquietschen
Gefühl von Freiheit und von Strand.

Da Sommer wir und Mittag hatten,
wurd´ der Sand und mir wurd´s heiß;
kein Dach, kein Baum, kein Wolkenschatten -
bald war ich eingeölt mit Schweiß.

Beim Beachen ist es eher üblich,
dass Boden-Haut-Kontakt passiert.
Das macht zwar Spaß, doch ist´s betrüblich,
wenn man sich fühlt wie frisch paniert.

Des Partners Tochter spottet´ leise
und macht´ mir damit das Geschenk,
dass, wenn ich Fischstäbchen verspeise,
seitdem ich stets ans Beachen denk´.

~

Boot

Jüngst, in einem Boote drin
ruderte ich vor mich hin.
Tatsächlich fuhr ich hinter mich,
denn wo es hinging sah nicht ich,
nein - vom Heck des Kahnes aus
schaute meine Frau voraus.

Das Wasser glänzte spiegelglatt,
da taucht´ ich ein der Ruder Blatt.
Ich zog und schafft´ auf diese Weise
symmetrisch kleine Strudelkreise.
Ich fuhr zurück, das Boot voraus,
nur leider nicht geradeaus.

Das merkt´ ich spät, ich sah ja nur
im Nachhinein die krumme Spur.
Wie oft hat´s schon in meinem Leben
diesen Blick zurück gegeben,
der zeigte, wie das Leben lachte
über Pläne, die ich machte.

Nur war´s hier anders, denn - genau!
Ich hatt´ ja eine Steuerfrau.
Sie hatte zwar kein Steuerrad,
dennoch versuchte sie, den Pfad
des Bootes durch des Sees Weiten
durch Sprachkommandos recht zu leiten.

Sie sagte rechts, für mich war´s links,
ich verstand sie allerdings
auch ohne Back- und Steuerbord,
weil Zeigen mehr hilft, als ein Wort.

Als Rechtshänder hätt´ ich gedacht,
dass das ´ne Backborddrift ausmacht.
Mein Kurs schien aber ungefähr,
als ob ich links viel stärker wär.
Wohl wissend, dass das nicht so war,
betrachtet´ ich das Ruderpaar.

Die Länge war bei beiden gleich,
doch im mittleren Bereich
lag eisern ein metall'nes Band,
das mit der Dolle es verband.

Das war nur minimal versetzt,
doch da das Gleichheitsrecht verletzt,
gelang es diesen blöden Bändern,
meinen Kurs nach rechts zu ändern.

Kommt es mir nunmehr in den Sinn,
dass ich auf falschem Kurse bin,
wär's vermutlich auch am besten,
ich würd' mal meine Ruder testen.

~

Fliege

Beim Radfahr´n flog jüngst eine Fliege
in meinen leider off´nen Mund.
Weil Bitt´res ich schlecht runterkriege,
versuchte ich, aus meinem Schlund

sie heftig hustend raus zu kriegen,
weg vom Luft- und Speiseschlauch,
doch schien ihr eher dran zu liegen,
hinab zu krabbeln in den Bauch.

Ich räusperte, ich krächzte, spuckte,
mein Kehlkopf war ein einz´ger Krampf,
bis ich sie qualvoll runterschluckte –
besiegt im hoffnungslosen Kampf.

Als Motiv für gute Taten
fällt mir seitdem ein neues ein:
Sollt ich mal in Not geraten,
möcht´ ich bloß kein Teufel sein!

~

Ski

An einer Piste weißem Rand,
wo ich jüngst beim Skifahr´n stand,
kam sehr schnell vorbeigeschossen
ein Großteil meiner Sportgenossen,

die, um das Tempo zu genießen,
den Skiern ihren Willen ließen.
Mit Carving-Ski und Schienentechnik
fährt man nicht mehr so bedächtig.

Weil damit jeder schnell sein kann,
rast heut´ zu Tale Frau, Kind, Mann.
Doch hohes Tempo zu erzielen
ist sicher nur ein Ziel von vielen.

Dynamik-Spaß bring´n kurze Schwünge,
wo´s frei ist, auch mal kleine Sprünge,
man kann - das lernt man mit den Jahren -
auch elegant und langsam fahren.

Vielleicht auch neue Schwünge proben
und - ist man schon einmal hier oben -
schauen auf die Bergnatur.
Bei Sonne ist das Urlaub pur.

Nun fühl´ ich mich besonders frei,
hab´ ich keinen Helm dabei.

Doch weil des Tempos Rausch sich gönnen,
die, die´s nicht kontrollieren können,
werd´ ich, um mich vor den´n zu schützen
von nun an auch ´nen Helm benützen.

~

Lied

Jüngst war zur Hochzeit ich geladen
und, damit das Fest gelänge,
dachte ich, könnt´ es nicht schaden,
wenn zur Gitarre ich was sänge.

Nach Hirnsturm und nach vielen Stunden
hatt´ ich für Bräutigam und Braut
die Worte für ein Lied gefunden,
die Melodie hatt´ ich geklaut.

Dann endlich war mein Auftritt dran,
schon fragte ich mich leicht nervös:
Wie fing mein Stück noch einmal an?
Das war bös!

Es hätt´ noch böser können sein,
doch kannte ich dies Drama schon,
drum sang´ ich ja auch nicht allein:
mein Weib kennt stets den richt´gen Ton.

Sie summt´ mich an, wir sangen los,
bis wer die Tür geöffnet hat,
worauf ein fieser Zugluftstoß
entführte unser Notenblatt.

Zwar kannt´ ich Melodie und Wort,
doch wusst´ ich aus dem Kopf nicht gut,
wann zu greifen welch´ Akkord -
meine Frau hat das im Blut!

In Stolz und Rhythmus leicht verletzt
spielt´ ich, was ich sie greifen sah,
leider etwas zeitversetzt
und dacht´: ein Glück ist sie jetzt da!

Doch noch in derselben Strophe
- ich zupft´ wohl etwas zu verbissen -
kam es -ploing!- zur Katastrophe;
eine Saite war gerissen!

Nun wollt´ es nicht mehr richtig klingen,
das war ja wirklich wie verhext!
Dann würd´ ich eben nur noch singen -
wie ging bloß dieser blöde Text?

Ich dacht´, als ich nun sang ganz leis´,
wie gut ist, wenn man Text vergisst,
eine Frau, die immer weiß,
was zu tun und singen ist.

Dann endlich war das Lied zu Ende,
ein Ende, das ich doch genoss,
denn tobend klatschten Beifallhände,
woraus ich dann als Fazit schloss:

Wie gut man sich auch vorbereitet,
wie leicht schleicht sich ein Fehler ein,
wie schwer, wenn man sich selbst begleitet,
wie gut ist es, zu zweit zu sein!

~

Heimliges

Kerze

Im Dunkel saß ich jüngst alleine
bei einer Kerze warmem Scheine
und schaut´ in Feierabendruh´
der Flamme bei der Arbeit zu,
gefesselt an des Dochtes Leine.

Sie hüpfte wild und wollte fliehen
- vom Fenster her schien es zu ziehen -
und schaffte es mit ihrer Wut,
den Docht zu ärgern bis zur Glut.
Doch Freiheit wurd´ ihr nicht verliehen.

So brannte sie nicht wirklich grade
und das war schade.
Denn an fensterferner Stelle
schmolz sich eine tiefe Delle
leewärts in das Wachsgestade.

Es konnt´ des heißen Wachses Meeren
der weiche Rand sich nicht erwehren.
Er wollte, das war gut zu sehen,
dem Freiheitsdrang nicht widerstehen:
Das Wachs konnt´ sich im Strom entleeren.

Die Wachsflut, nicht mehr eingeengt,
von keinem Krater mehr bedrängt,
begann im Flusse einzuhalten
und als Tropfen zu erkalten.
Das geht oft schneller als man denkt.

Die Flamme, nun voll frischer Kraft
erhitzt´ erneut den Kerzensaft,
zwang ihm auf den Ausbruchswillen,
um ihren Freiheitsdurst zu stillen.
Das Wachs tat, was sie selbst nicht schafft´.

Um das Schmelzen auszugleichen
und das Gebirge zu erweichen,
das wachshart in der Zugluft stand,
hab´ ich die Kerze umgewandt.
so müsst´ ich doch mein Ziel erreichen.

Die Flamme flammte etwas auf,
dann nahm das Schmelzwachs seinen Lauf.
Denn die jäh´ geschaff´ne Flut
überschwemmt´ des Dochtes Glut.
Die Flamme gab leicht zischend auf.

Im Dunkel saß ich ohne Licht,
doch öffnet Dunkel oft die Sicht.
So sah ich, was wir meist erreichen,
wenn wir versuchen auszugleichen,
was nicht unsrem Plan entspricht.

~

Frühlingserwachen

Jüngst wurd´ ich frühlingsfrüh geweckt
von tschilpendem Gespatze,
die Nacht hatt´ sich vorm Tag versteckt,
drum hoch von der Matratze!

Durchs off´ne Fenster roch es grün,
die Luft lag voller Morgen,
der Tag begann schon aufzublüh´n,
der Mond hatt´ sich verborgen.

Es wurd´ ein Tag voll Knospigkeit,
voll Kraft und voller Frische -
geb´ Gott, dass Frühjahrsmüdigkeit
mich erst zur Nacht erwische.

~

Rätsel

Als jüngst ich ein Sudoku löste,
- es war sehr schwieriger Natur -
fühlte ich mich wie der Größte,
nur -

das Rätsel hatt´ ich zwar bezwungen,
- Beweis von großer Pfiffigkeit -
manch Winkelzug war mir gelungen
und der Verlust von recht viel Zeit.

Doch was war nun das Ergebnis?
Ein ziffernvolles Blatt Papier.
Das Lösungsweg-Entdeck-Erlebnis
als billiges Pläsier.

Die Zeit schien sinnbefreit verronnen,
kaum schmiss ich den Zettel weg;
ich hatte nichts dabei gewonnen,
was hatte das für einen Zweck?

Ich versucht´ mir zu erklären,
dass das ein Logik-Training war,
und diese Zahlenspiele wären
ein Hirn-Aktiv-Urlaub sogar.

Wenn ich´s aber recht verstehe,
war des Rätsels wahrer Sinn,
dass ich nun als Genie mich sehe -
wie eitel ich doch bin!

~

Zähne

Jüngst, bei der Pflege meiner Zähne,
die - wenn auch Zahnarzt-optimiert -
ich in gutem Zustand wähne,
ist mir ein Malheur passiert.

Ich schabte sie mit sanfter Seide,
am Schluss mit einem zarten Ruck,
auf dass ich nicht des Nachts erleide
der Speisereste dreisten Druck.

Es machte - und das mocht´ ich nicht -
ein Geräusch, fast einen Knall,
als ob ein Stückchen Zahn abbricht.
Es flog heraus auf jeden Fall

aus meinem Mund ein helles Ding.
Vielleicht war´s eines Inlays Stück,
weshalb zu suchen ich anfing
und es auch fand mit großem Glück.

Schon war ich panisch, schweißgebadet,
voll Furcht, dass ich dem eig'nen Zahn
durch zuviel Pflege hatt' geschadet
im Zwischen-Zahn-Raum - Säub'rungswahn.

Erleichtert, dass ich nicht verletzt,
sah ich nun einer Beere Kern!
Da war ich froh, doch ess' ich jetzt
Himbeer'n nicht mehr ganz so gern.

~

Kopfschmerz

Jüngst wacht´ ich auf mit schwerem Hirn
und Kopfschmerz hinter meiner Stirn,
weil ich am Abend vorher wohl
getrunken zu viel Alkohol.

Mir fiel nicht ein, in welcher Runde
ich nachts getagt zu später Stunde,
woraus, von Suff und Kater matt,
ich schloss, dass ich ´nen Filmriss hatt´.

So entschied ich, aufzustehen
und nach meiner Frau zu sehen.
Die könnt´ mir sicher alles sagen,
hätt´ Antwort auf des Säufers Fragen.

Von Peinlichkeit und Schnaps benommen
bin ich kaum aus dem Bett gekommen.
Nur mit verquoll´ner Willenskraft
hab´ ich es grad so geschafft.

Die Welt schien sich um mich zu drehen,
mit Mühe konnt´ ich schwankend gehen.
Mit Not fand ich auch meine Frau,
wieso war ich nur so blau?

Sie fragt´ entsetzt, warum das Bett
trotz Fieber ich verlassen hätt.
Und nach Gestreichel und Gedrück´
führt´ sie mich dorthin zurück.

Nun wissend, dass sie unverschuldet,
hab´ meine Pein ich gern erduldet.
Ich sank erleichtert auf die Matte,
froh, dass ich nur Fieber hatte.

~

Weihnachtsbaum

Jüngst saß mit mir mit bangem Herzen
meine Frau vorm Weihnachtsbaum.
Es wandelte das Licht der Kerzen
den Raum in meinen Kindheitstraum.

Das Feuer, das am Baume brannte,
barg natürlich Brandgefahr,
doch da ich dies als Kind schon kannte,
nahm ich die Gefahr nicht wahr.

Die Knister-Flacker-Atmosphäre,
ich liebte diesen Duft so sehr,
die Wärme, die ganz anders wäre,
wenn das Gekerz elektrisch wär.

Mein Wunsch nach Glück aus Kindertagen
gab meiner Frau den Flammenmut,
das grüne Feuerspiel zu wagen,
und letztlich tat´s uns beiden gut.

Denn in meinem Arm geborgen
im warmen Weihnachtskerzenlicht
vergaß auch sie des Jahres Sorgen,
die Angst verschwand und störte nicht.

Es ist so vieles hinzukriegen,
wie in dieser Heil´gen Nacht,
sogar Ängste zu besiegen,
wenn man was aus Liebe macht.

~

Licht

Jüngst zerrte mich der Sonne Strahl
hinauf aus meines Traumes Tal
an des Tages warmes Licht -
mit meiner Frau tat er das nicht.

Um sie nicht auch noch wach zu kriegen,
blieb ich halbwegs ruhig liegen.
Nur mein Blick stand schon mal auf
und hüpft´ in morgenfrischem Lauf
vom Schrank zur Decke und zur Wand,
doch alles war so altbekannt.

Nichts hielt ihn fest an diesem Orte,
bis durch der Stube off´ne Pforte
er sich ins Wohnzimmer gewandt -
dort blieb er hängen wie gebannt.

Die weiße Wand - ich wusst´s genau -
war plötzlich himmel-taubenblau.
Weil ich mir selbst nicht immer trau´,
weckt´ ich nun selber meine Frau,
zeigte ihr dies Phänomen -
auch sie gab an, dort blau zu seh´n.

Vielleicht hatt´ ja ein Heinzelvölkchen
gemalt des nachts dort blaue Wölkchen...
doch diesem Klärungsfehlversuch
mangelte der Farbgeruch.

Nun war nach traumerholter Nacht
langsam mein Verstand erwacht.
Zum Bläuen dieser weißen Stelle
bräuchte man ´ne Blaulichtquelle.
Die gab es aber einfach nicht,
also war dort weißes Licht.

Wenn aber dies Blau Weißlicht war,
dann war das Weiß hier drinn´n - na klar!
Orangegefärbtes Vorhangslicht
erkannte ich als farbig nicht.
Des Schlafgemachs vertraute Wand
war mir ja als weiß bekannt.

Vielleicht, so dacht´ ich mir, vielleicht
sind wir auch sonst mal fehlgeeicht:
Weißes und neutrales Licht
gibt´s in uns´rer Birne nicht.

So seh´n wir eingefärbt nur schwer
andres nicht komplementär.

Also lohnt´s beim Fremdbetrachten,
nicht nur alleine zu beachten,
unter welchem Licht ich sehe,
was ich nicht so recht verstehe.

Nein, um meinem Blick zu trauen,
muss ich erstmal danach schauen,
welch´ Licht auf meine eig´ne Wand
leuchtet - schön, doch unerkannt.

~

Tierliches

Beeren

Als ich jüngst müde auf 'ne Bank
im Herbst des Wandertages sank,
hört´ ich im Strauche hinter mir
ein Geräusch von einem Tier.

Ich wollte wissen - ist doch klar -,
was hinter mir im Busche war.
Ich neugierte auf alle Fälle
nach der leisen Laute Quelle.

Es raschelkratzte sonderbar -
warum wusst´ ich nicht, was das war?
Umsichtig sah ich mich um
und suchte Sicht auf das „warum".

Zunächst bekam ich zwar noch nicht
das Raschelwesen zu Gesicht,
doch hingen zwischen Blättern Beeren.
Wollte die wohl wer verzehren?

Ich horcht´ und hörte auch schon bald
das Kratzgeräusch im Blätterwald.
Und sah - und das sah putzig aus -
auf einem Zweig ´ne Klettermaus.

Wir sah´n uns Aug´ in Äuglein an,
sie zögerte verzagt, doch dann
macht´ sie sich vor dem fremden Mann
an die Beerenbeute ran.

Noch lange hab´ ich dort gesessen
und ihr zugeschaut beim Essen,
beim akrobatischen Gekletter,
bis sie verschwand im Schutz der Blätter.

Später hab´ ich nachgedacht,
wie diese kleine Maus das macht,
so hoch zu klettern furchtvergessen -
ich sollt´ wohl öfter Beeren essen…

~

Dreckspatz

Jüngst sah ich einen kleinen Spatzen
im Sand sich eine Kuhle wühlen.
Statt mit dem Schnabel sich zu kratzen,
- ich konnt´ den Juckreiz beinah´ fühlen -
nahm er ein Sand-Gefiederbad.

Jetzt frisch entmilbt und dreckgebadet
tschilpt´ er froh von einem Zaune,
weil Dreck nicht der Gesundheit schadet
und gut ist für die gute Laune.
- Ich nahm ihn an, des Spatzen Rat.

Da auch mich das Fell jetzt juckte,
rieb ich Sand an jede Stelle,
die aus dem Schutz der Kleidung guckte,
mir auf meine Juckreizpelle.
Ach, wie gut das tat!

Nach dieser Spatzen-Hautwaschpause
ging ich bestgelaunt und heiter
mit dreckigem Gesicht nach Hause
und - bitte, sagt´s dem Spatz nicht weiter -
nahm ein Menschen-Wasserbad.

~

Nachtigall

Jüngst lauschte ich dem Sangesschwall,
der trällerfrohen Nachtigall.

Ich fragte mich, wie sie das macht,
in dunkler Nacht
so hell zu singen,
so fröhlich zu klingen.
Sollten keine Depressionen
in dieser kleinen Seele wohnen?

Das Vögelchen hat mich belehrt:
mach´s doch einfach umgekehrt!
Wenn mal schlechte Stimmung droht,
erteil dir Depressionsverbot.
Sing einfach ein paar frohe Lieder,
schon lacht die Lebensfreude wieder!

~

Löwenmäulchen

Jüngst sah ich eine fette Biene
sich in uns´ren Blumen tummeln.
Um nicht das falsche Wort zu sagen,
hab´ ich´s schnell mal nachgeschlagen:
wenn ich mich des Brehm bediene,
heißen dicke Bienen Hummeln.

Es bummelte das Hummeltier
behäbig zwischen Kelch und Blüte,
nicht bienenfleißig, eher lahm,
bis es zum Löwenmäulchen kam.
Das war so zugeklappt, dass hier
manch Bienchen sich vergebens mühte.

Sie setzt´ sich auf die Unterlippe,
das Löwenmäulchen klappte auf.
Die Hummel kroch darauf sogleich
hinein ins Honignektar-Reich.
Nur auf des Bütenblattes Wippe
drückte sanft der Hinterlauf.

So ist es glücklich ihr gelungen,
mit dem Kopf im Löwenmaul,
ohne selbst sich einzufangen
an den Nektar zu gelangen.
Wie sie des Kiefers Kraft bezwungen,
wirkte sie nun nicht mehr faul.

So tauchte sie in manchen Rachen,
ich musste an Dompteure denken,
die ihren Kopf in Rachen stecken,
um Schreck beim Publikum zu wecken.
Da kann man ja nur müde lachen -
Applaus würd´ ich der Hummel schenken.

~

Essenszeit

Jüngst ging ich im Zoo spazieren
und sah auf Kongo-Sehnsuchts-Rasen
eins von meinen Lieblingstieren,
das Okapi schüchtern grasen.

Dann zog's, weil etwas es erschreckte,
vor, hinter einen Busch zu huschen;
und, weil dieser ihm wohl schmeckte,
begann es zupfend nun zu buschen.

Um endlich auf Giraffenweise,
wie die langbehalsten Vettern
als Nachtisch oder Abschlussspeise
an einem hohen Baum zu blättern.

Es isst ja keiner gern alleine,
deshalb schien es mir geboten,
in der Mittagssonne Scheine
auch erst mal zu butterbroten.

~

Eule

Jüngst, des Nachts in einem Wald
sah ich eine Kauzgestalt.
Sie saß auf einem krummen Ast,
gekrümmt durch dieses Vogels Last.
Sie rief ein schüchternes „Uhu!"
und sah mir beim sie Anschau´n zu.

Vielleicht missfiel dem scheuen Tier
meine Neu- und Wissensgier.
Sie nickte mit den weisen Augen,
die groß und gelb zum Schwarzseh´n taugen,
und wendete ihr Angesicht
von mir ab, den Körper nicht.

Der Nachtfreund drehte weg sein Haupt,
als sei´s nur locker angeschraubt.
Ach, wär doch uns´re Wirbelsäule
am Hals so lax, wie die der Eule.
Vielleicht würd´ mir, vielleicht uns allen
das Rücksicht nehmen leichter fallen.

~

Wildschweine

Jüngst, wie frühjahrs ziemlich häufig,
war ich mal wieder waldesläufig.
Hasenmäßig ziemlich alt
lief ich also durch den Wald.
Da durchzog des Forstes Luft
ein wühlend wilder Schweineduft.

Es schwante - nein - es schweinte mir,
hier gab's wohl manches Borstentier.
Ich verlangsamte den Trab,
weil ich gehörig Achtung hab'
vor der Wildschweinkinderwache
durch eine aggressive Bache.

So späht' ich und schon sah ich helle
Streifen auf manch Frischlingsfelle.
Schwarzbekittelt gut versteckt
hab spät den Keiler ich entdeckt.
Und wir schauten Aug' in Licht
einander direkt ins Gesicht.

Nach nur kurzer Überlegung
entschloss er sich zur Fort-Bewegung.
Ein Grunzer und die ganze Rotte
folgte ihm in flottem Trotte.

Warum könn´ Eltern, fiel mir ein,
nicht wie so ein Eber sein.
Ein kurzes hingegrunztes Wort
und der Nachwuchs folgt sofort.
Doch wilder Ferkel Folgsamkeit
bringt einen nur im Walde weit.

So lief ich weiter durch den Wald
und vergaß die Schweine bald.
Tatsächlich freue ich mich schon
auf die nächste Diskussion
pädagogischer Natur -
wartet nur!

~

Schimpfen

Jüngst, kurz vor Sonnenuntergang,
wurd´ ich auf den Balkon gezerrt.
Durch der Vögelein Gesang?
Nein, durch ein Spatzen-Schimpf-Konzert!

Welch großer Lärm aus kleinen Lungen!
Aus hundert Spatzenschnäbeln klang,
moduliert durch Spatzenzungen
ein chaotischer Gesang.

Dies´ Tschilpen war so voller Leben,
wie eine wilde Diskussion
- nur ohne Moderator eben -
den bräuchten hundert Spatzen schon.

Als mit der Sonne letztem Strahl
das Licht ausging, wenn man so will,
war statt Gezänk mit einem Mal
alles still.

Wie praktisch, dachte ich mir dann,
wenn wieder mal ein Streit ausbricht,
den man gar nicht schlichten kann,
lösch´ ich einfach nur das Licht.

Ich hab´s probiert -
es funktioniert!

~

Zeitfracht Medien GmbH
Ferdinand-Jühlke-Straße 7
99095 Erfurt, Deutschland
produktsicherheit@kolibri360.de